中等职业学校电子商务专业教材

电子商务物流习题册

胡青玲　主编

中国劳动社会保障出版社

简介

本习题册与《电子商务物流》配套使用。习题册按照教材项目任务顺序编写，包括单项选择题、判断题、填空题、名词解释、简答题等，题型丰富，供学生课后练习使用。

本习题册由胡青玲任主编，陶亚琴任副主编，饶巨秀、葛津、郑云双、武志霞、梅光亮、冯潮俊参加编写。

图书在版编目（CIP）数据

电子商务物流习题册 / 胡青玲主编. -- 北京：中国劳动社会保障出版社，2024. --（中等职业学校电子商务专业教材）. --ISBN 978-7-5167-6593-7

Ⅰ. F713.365.1-44

中国国家版本馆 CIP 数据核字第 2024MH5730 号

中国劳动社会保障出版社出版发行

（北京市惠新东街 1 号　邮政编码：100029）

*

河北品睿印刷有限公司印刷装订　　新华书店经销

787 毫米 ×1092 毫米　16 开本　4.25 印张　79 千字

2024 年 9 月第 1 版　　2025 年 8 月第 2 次印刷

定价：9.00 元

营销中心电话：400-606-6496

出版社网址：http://www.class.com.cn

http://jg.class.com.cn

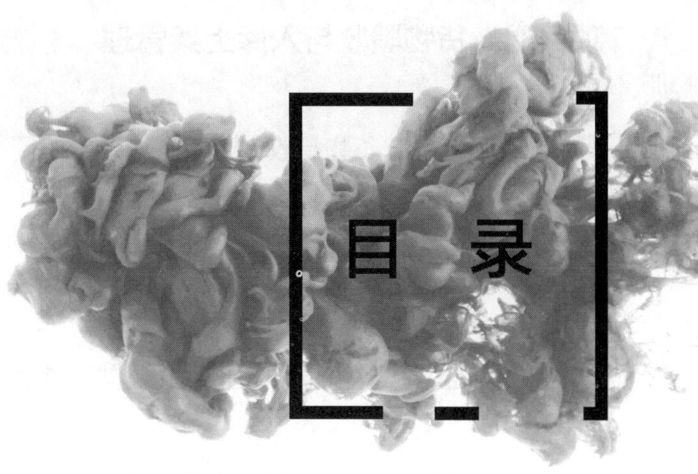

目 录

项目四　货物验收与入库上架管理

项目五　在库货物盘点与损耗管理

项目六　网店订单与货物配货出库管理

项目七　货物包装及发货管理

项目八　物流运输管理

项目九　退换货管理

项目十　电子商务环境下的新型物流实践

项目一
电子商务物流认知

学习任务 1　电子商务与现代物流认知

一、单项选择题

1. “四流”中最为特殊的一环是（　　）。

A. 资金流　　B. 商流　　C. 信息流　　D. 物流

2. 电子商务的基本功能不包括（　　）。

A. 宣传功能　　B. 运输配送功能

C. 网上订购、支付功能　　D. 咨询洽谈功能

3. 全球定位系统指的是（　　）。

A. GPS　　B. GIS　　C. ITS　　D. RFID

4. 在物流过程中降低环境污染、减少资源消耗，实现可持续发展的一种新型物流模式指的是（　　）。

A. 智慧物流　　B. 生态物流　　C. 绿色物流　　D. 信息物流

5. 物流企业的发展方向不包括（　　）。

A. 全球化　　B. 协同化　　C. 集约化　　D. 系统化

二、判断题

1. 电子商务主要通过实时的电子邮件和非实时的信息交流工具来实现交易事务的洽谈。（　　）

2. 现代物流的兴起得益于电子商务行业的迅速发展。（　　）

3. 电子商务物流又称网上物流，是指基于互联网技术，旨在创造性地推动物流行业发展的新商业模式。（　　）

4. 相比于传统的电视、报纸等广告方式，网络广告成本更高。 ( )

5. “买全球货，卖全球货”描绘的是电子商务的广阔前景。 ( )

三、填空题

1. 电子商务充分利用企业的__________和__________，在网络上高效发布各类商业信息。

2. 国际和国内物流发展主要体现在以下两个方面：一是____________，二是积极建设物流园区。

3. 绿色物流强调在物流活动的各个环节中，采取__________和__________的策略，以降低对环境的负面影响。

4. 在电子商务市场竞争激烈的环境下，__________和____________是电子商务企业取得竞争优势的关键。

四、名词解释

1. 物流园区

2. 智慧物流

五、简答题

1. 电子商务物流的特点有哪些?

2. 全球物流技术的主要发展方向包括哪几个方面?

学习任务 2 电子商务物流模式分析

一、单项选择题

1. 适用于规模较大、有资金实力的电子商务企业的电子商务物流模式是（　　）。

A. 自营物流　　B. 第三方物流　　C. 物流联盟　　D. 物流园区

2. 以下不属于第三方物流英文名称或简称的是（　　）。

A. 3PL　　B. TPL

C. third-party logistics　　D. CPL

3. 商品从电子商务企业运输到消费者手中所产生的成本指的是（　　）。

A. 运输成本　　B. 物流成本　　C. 配送成本　　D. 包装成本

4. 物流联盟的优势不包括（　　）。

A. 让企业减少了物流方面的投资和风险

B. 更有效地实现跨地区配送和物流资源配置

C. 满足电子商务企业客户分布广泛的派送需求

D. 能最大程度地避免内部的对抗与冲突

5. 现代物流的重要组成部分不包括（　　）。

A. 自营物流　　B. 第三方物流　　C. 第二方物流　　D. 物流联盟

二、判断题

1. 物流联盟以物流为合作基础。（　　）

2. 客户对电子商务物流的最基本要求是速度快。（　　）

3. 自营物流的优势在于可以为电子商务企业提供技术支持。（　　）

4. 物流联盟产生的最根本原因是安全，这种合作形式使得企业在物流领域实现资源的高效利用和优势互补。（　　）

5. 我国第三方物流企业处于非常成熟的阶段。（　　）

三、填空题

1. 自营物流的优势主要在于__________和企业拥有对物流系统运作过程的__________。

2. 要根据电子商务环境下________和________慎重选择物流模式。

3. 自营物流的劣势主要是__________以及需要__________两个方面。

4. 物流联盟要避免内部的________与________。

四、名词解释

1. 物流联盟

2. 自营物流

五、简答题

1. 影响电子商务物流模式选择的主要因素有哪些?

2. 第三方物流的劣势是什么?

学习任务 3　电子商务物流企业运营

一、单项选择题

1. 电子商务物流企业需根据客户的需求和市场的变化，提供（　　）的物流解决方案。

A. 个性化　　B. 品质化　　C. 细致化　　D. 具体化

2. 电子商务物流企业的核心要素是（　　）。

A. 高效的物流管理　　B. 快速的配送管理

C. 有效的库存管理　　D. 有效的运输管理

3. 电子商务物流企业运营的基础是（　　）。

A. 配送管理　　B. 仓储管理　　C. 信息管理　　D. 装卸管理

4. 物流金融服务不包括（　　）。

A. 代收货款　　B. 保理服务　　C. 融资租赁　　D. 包装服务

5. 有效的仓储管理可以确保商品的安全储存、快速出入库，以及（　　）。

A. 高效的分拣和配送　　B. 覆盖广泛的配送网络

C. 实现信息的实时共享和高效处理　　D. 掌握市场需求

6. 统计员的主要工作在于收集、整理、汇总、分析有关统计资料，及时呈报各种统计报表，为决策提供（　　）。

A. 物质支持　　B. 精神支持　　C. 数据支持　　D. 管理支持

二、判断题

1. 在接收订单后，物流企业不需要对其进行验证，以确保订单的有效性和准确性。（　　）

2. 客户可将不满意的商品退回企业，企业不需要对其进行检查并处理。（　　）

3. 物流客服主要负责处理客户的咨询、查询、投诉等需求，提供优质的客户服务，维护客户关系。（　　）

4. 物流职业能力不包括物流协调能力。（　　）

5. 物流配送是电子商务物流企业的关键环节。（　　）

三、填空题

1. 物流技术应用能力是指运用__________和手段进行__________的能力。

2. 在确认订单的有效性后，物流企业需要向客户发送________或________，告知其订单已被接收并正在处理中。

3. 通过对日常运营数据的分析，电子商务物流企业可以更好地了解__________和__________。

4. 物流沟通人员需要具备良好的__________和__________，能够有效地传递信息，解决各种问题和矛盾。

5. 电子商务物流企业的主要岗位包括________、物流专员、物流客服、______、

__________、统计员、__________等。

四、名词解释

1. 物流职业能力

2. 物流管理能力

五、简答题

1. 电子商务物流企业运营的特点有哪些?

2. 电子商务物流企业的运营结构包括哪些内容?

3. 电子商务物流企业的工作流程是什么?

项目二
电子商务采购管理

学习任务 1　电子商务采购计划制订

一、单项选择题

1.（　　）与实际购入价格的差额，即为采购预算正确性的评估指标。

A. 标准成本　　B. 国家标准　　C. 行业标准　　D. 地方标准

2.（　　）的预算收支以零为基点。

A. 固定预算　　B. 零基预算　　C. 滚动预算　　D. 地方标准

3. 用料清单的英文缩写是（　　）。

A. ISO　　B. WHO　　C. ICII　　D. BOM

4. 采购人对采购需求的确定承担（　　）。

A. 一般责任　　B. 重要责任　　C. 主体责任　　D. 次要责任

5.（　　）是依据年度销售数量加上预期的期末存货减去期初存货而制订的计划。

A. 年度采购计划　　B. 年度销售计划

C. 年度生产计划　　D. 年度财务计划

6.（　　）的高低将使预计的物料需求量与实际的耗用量产生偏差。

A. 采购效率　　B. 生产效率　　C. 销售效率　　D. 生产力

二、判断题

1. 电子商务采购是在电子商务环境下的采购活动，也称网上采购。（　　）

2. 电子采购通常能够节约总成本的 15%～40%。（　　）

3. 采购需求应当符合国家法律法规规定，执行国家相关标准、行业标准、地方标准等。（　　）

4. 一张记载正确的库存记录卡是采购计划准确性的重要保证。 ( )

三、填空题

1. ________是指根据预算内正常的、可实现的某业务量水平编制的预算。

2. 常用的订购方式主要有两种，分别是________和________。

3. 若产品有存货，则生产数量不一定要________销售数量。

4. 生产计划、用料清单或材料需求计划以及存量上下限额是决定________的主要依据。

四、名词解释

1. 电子商务采购预算

2. 弹性预算

五、简答题

1. 采购需求是由什么决定的?

2. 采购预算的编制方法有哪些?

3. 制订电子商务采购计划时，需明确哪些内容？

4. 如何计算各类物料的采购数量？

学习任务 2　电子商务采购模式分析

一、单项选择题

1. 企业电子商务采购模式可分为（　　）种。

A. 一　　B. 两　　C. 三　　D. 四

2. 以下不属于电子货币类支付方式的是（　　）。

A. 电子现金　　B. 电子钱包　　C. 电子信用卡　　D. 现金

3. 以下不属于水平门户的是（　　）。

A. CheMatch　　B. Ariba

C. Commerce One　　D. Free Markets

4. 门户是描述在互联网上形成的各种市场的术语，它有（　　）种类型。

A. 一　　B. 两　　C. 三　　D. 四

5. 以下不属于电子支票类支付方式的是（　　）。

A. 电子小票　　B. 电子支票　　C. 电子汇款　　D. 电子划款

6. 以下属于垂直门户的是（　　）。

A. MetalSite　　B. Ariba

C. Commerce One　　D. Free Markets

二、判断题

1. 采购直接影响企业的生产经营过程和效益，而且是构成企业竞争力的重要方面。 （ ）

2. 电子商务采购是一种适应时代发展的先进采购模式。 （ ）

3. 企业向供应商支付采购价款的方式主要归为三大类。 （ ）

4. 水平门户是集中了种类繁多的产品的门户。 （ ）

5. 垂直门户是经营专门产品的市场。 （ ）

三、填空题

1. 卖方系统是指供应商为增加市场份额，以________作为销售渠道而搭建的电子商务系统。

2. 使用________的好处是访问容易，能接触更多的供应商，买方无须任何投资。

3. 买方系统是企业自己控制的电子商务系统，它通常连接企业的________，或企业与其贸易伙伴形成的________。

4. ________为企业提供了安全的网络采购场所，也提供诸如在线投标和实时拍卖等服务。

四、名词解释

1. 联盟采购

2. 门户

五、简答题

1. 根据实施主体不同，企业电子商务采购模式可分为哪几种?

2. 第三方采购系统有哪些类型?

3. 简述电子商务采购的流程。

学习任务 3　电子商务采购流程管理

一、单项选择题

1. 如果（　　）有所转变，那么采购的策略也必须跟着调整。

A. 采购的形态　　B. 采购的数量

C. 采购的时间　　D. 采购的质量

2. 持续性采购对成本分析的要求远（　　）一次性采购。

A. 小于　　B. 低于　　C. 高于　　D. 等于

3. 当前的信息管理体系主要依赖（　　）来深入挖掘所需数据。

A. 信息反馈系统　　B. 信息收集系统

C. 信息申报系统　　D. 信息管理系统

4. 建立一种新型的结构模式成为大势所趋，即以往的线性结构向（　　）结构转变。

A. 复杂性　　B. 平面性　　C. 简单性　　D. 完整性

二、判断题

1. 采购量与产品所处的生命周期阶段有直接关系。（　　）

2. 在信息时代背景下，电子商务采购不需要创新信息管理模式。（　　）

3. 目前信息管理系统已趋向成熟，与之相应的防火墙技术也已得到了非常好的应用。（　　）

4. 现阶段，网络高智商犯罪的比重在不断下降。 (　　)

三、填空题

1. 与传统的职能化信息管理方式相比，新型的信息管理模式更加注重信息的________与________功能。

2. 目前的现代化企业信息管理同时考量企业的________和________的辐射。

3. 先进的________能够促进企业的管理体制、经营思想和决策方式的改变，从而加速企业管理的现代化，提高企业业务运行效率。

四、名词解释

电子商务采购成本

五、简答题

1. 电子商务采购成本管理主要包含哪几方面的内容?

2. 电子商务采购信息管理的不足有哪些?

3. 简述电子商务采购流程管理。

项目三
货物分类整理及货架货位规划

学习任务 1　货物分类整理

一、单项选择题

1. 到库货物核实单货一致之后，就要将其分类整理到仓库的（　　），以方便仓库质检人员准备检验工具（设备）开展质检工作。

A. 待检区　　B. 待处理区
C. 合格品储存区　　D. 不合格品隔离区

2. 位于仓库的出口附近，以红色作为标志的仓库作业区是（　　）。

A. 待检区　　B. 待处理区
C. 合格品储存区　　D. 不合格品隔离区

3. 能反映货物的使用功能和价值，为确定销售、运输、储存条件提供依据，有利于保证货物流通中的质量的货物分类方法是（　　）。

A. 按货物的用途分类　　B. 按货物的原材料分类
C. 按货物的生产方式分类　　D. 按货物的化学成分分类

4. 将酒类货物分为白酒、葡萄酒、啤酒等，是对（　　）层次的进一步划分。

A. 货物大类　　B. 货物中类　　C. 货物小类　　D. 货物细目

5. 195 mL 六神止痒花露水是（　　）层次的货物分类。

A. 大类　　B. 中类　　C. 小类　　D. 细目

6.（　　）是仓库的主要储存区域，其位置、仓储条件是最好的。

A. 合格品储存区　　B. 待检区　　C. 待处理区　　D. 隔离区

二、判断题

1. 货物分类依据是货物分类的基础。 （ ）

2. 按货物的原材料分类，便于对相同用途的各种货物进行比较。 （ ）

3. 货物的原材料是决定货物质量和性能的重要因素。 （ ）

4. 货物中类体现货物生产和流通领域的行业分工。 （ ）

5. 待检区通常是存放暂时不具备验收条件或质量暂时不能确认的物品的区域。 （ ）

三、填空题

1. 只有__________的货物才能入库存储，进入销售环节。

2. 由于不同货物的质量检验方法、仪器设备等不同，所以需要对到库货物进行__________，以便有效提高仓库质检人员的检验效率。

3. 按货物的用途分类不仅适合对货物大类的划分，也适用于对货物__________、__________的进一步详细划分。

4. 按货物的__________分类，特别适用于原料相同，但可选用多种工艺生产的货物。

四、名词解释

1. 货物分类

2. 货物中类

五、简答题

1. 仓库可按怎样的货物分类依据对货物实施分类管理的?

2. 简述货物分类的层次。

3. 简述货物分类整理的技巧。

学习任务 2　货架货位规划

一、单项选择题

1. 货物存放的平均时间越（　　），周转率越（　　）。

A. 长　大　　B. 短　大　　C. 短　小　　D. 无相关性

2. 将单位体积大、单位重量大的货物存放在（　　），并且靠近仓库出口或通道。

A. 货架底层　　B. 货架顶层　　C. 货架中部　　D. 集中区域

3.（　　）货位分配方法是指每一类货物都有固定的货位，货物在储存时不可互相窜位。

A. 定位储放　　B. 随机储放　　C. 分类储放　　D. 分类随机储放

4.（　　）货位分配方法是指每一类货物都有固定存放的位置，但在各类储区内，每个货位的指派是随机的。

A. 定位储放　　B. 随机储放　　C. 分类储放　　D. 分类随机储放

5.（　　）货位分配方法的缺点是货位必须按各类货物的最大在库量设计，因此储区空间平均的使用效率较低。

A. 定位储放　　B. 随机储放　　C. 分类储放　　D. 分类随机储放

二、判断题

1. 应将周转率小的货物储放在出入口附近的位置。（　　）

2. 仓储货架一般具有立体结构，可充分利用仓库空间，提高仓库储存能力。（ ）

3. 应将不同供应商的货物集中存放，以便进行分拣配货作业。（ ）

4. 货位的选择应遵循确保货物安全、方便吞吐发运、力求节约仓容的原则。（ ）

5. 共同储放货位分配方法在确定各货物的进出仓库时刻后，不同的货物可共用相同的货位。（ ）

三、填空题

1. 货架货位规划是指对仓库的货架货位进行合理的__________、__________，并将该编码标识于货架上，以方便合格货物快速出入库，同时方便对货架、货位、上架货物进行信息管理。

2. 人的腰部以下的高度通常宜储放__________或__________。

3. 将周转率__________的货物存放在进出库装卸搬运较便捷的位置。

4. 根据货物特性分区分类储存，将特性相近的货物__________存放。

5. 为保证货架的安全并方便搬运，通常将重量大的货物保管在地面上或货架的__________位置。

6. 倾斜式货位即货位倾斜摆放，根据需要__________编码和__________编码均可采用。

四、名词解释

1. 货位

2. 货位分配

3. 随机储放

五、简答题

1. 简述货位分配的基本原则。

2. 简述分类储放货位分配方法的具体内容及其优缺点。

3. 简述货位编码的方式。

项目四 货物验收与入库上架管理

学习任务 1　货物验收

一、单项选择题

1. 货物验收时主要的实物验收内容不包括（　　）。

A. 数量检验　　B. 外包装检查　　C. 质量检验　　D. 核对资料

2. 按货物性质和包装情况，数量检验可以分为三种形式，其中不包括（　　）。

A. 计件　　B. 检斤　　C. 抽检　　D. 检尺

3.（　　）是在同一批同类货物中不加挑选地抽取若干作为样品，任何货物都有被抽出的机会。

A. 简单随机抽样　　B. 分层随机抽样

C. 分段随机抽样　　D. 无差别随机抽样

4. 下列不属于货物质量鉴定方法的是（　　）。

A. 感官鉴定法　　B. 理化鉴定法

C. 检尺求积　　D. 生物鉴定法

5. 通过（　　），评价货物的色泽、结构、整齐度、光洁度、新鲜度、表面疵点、包装、标签等是否符合标准要求。

A. 鼻子闻嗅　　B. 眼睛观察　　C. 品尝　　D. 触觉器官

二、判断题

1. 在进行数量和外观验收时一般要求全检。（　　）

2. 在货物批量大、规格和包装整齐、供货单位的信誉较高或验收条件有限的情况下，通常采用全检的方式。（　　）

3. 分层随机抽样是先随机抽取几个小部分（大包装），然后再从抽取的每个小部分中随机抽取若干货物（小包装），最后将抽出的货物合并为样品。（　　）

4. 验收准备工作包括随机人员、资料、器具、货位、设备和其他准备。（　　）

5. 在核对资料时，仓库管理人员要进行证证核对、物证核对，相符后才可验收实物。（　　）

三、填空题

1. ________是指货物正式入库之前，由验收人员（质检员）根据合同、入库凭证或标准规定的要求，对到库货物的品名、数量、规格、包装、质量等方面进行检查验收。

2. 按重量入库或以重量为计量单位的货物，验收时必须________。

3. 对以________为计量单位的货物，验收时先检验尺寸，再求体积。

4. 根据鉴定对象的不同，通常采用按、拉、捏、揉、摸、折、弯等方式感觉货物质地是否合格的货物质量鉴定方法称为__________。

四、名词解释

1. 抽检

2. 微生物鉴定法

五、简答题

1. 货物验收的基本要求有哪些?

2. 货物验收的工作流程是什么?

学习任务 2　货物验收异常处理

一、单项选择题

1. 下列关于货物验收异常处理的说法，错误的是（　　）。

A. 验收时，数量短缺的货物，应按实际验收数入库

B. 货物规格不符或错发时，应先将规格对的入库

C. 证件未到之前，货物不能验收入库

D. 如果属于承运部门造成的货物数量缺失，应凭接运提货时索取的货运记录向承运部门索赔

2. 货物入库验收中常发生的问题不包括（　　）。

A. 证件不齐　　B. 运输不当

C. 数量短缺　　D. 质量与约定不符

3. 如果验收时发现货物不符合规定要求，要提出退、换货或赔偿等请求，应（　　）申请。

A. 立刻　　B. 在规定期限内

C. 在申诉期内　　D. 在合同期内

4. 验收时，如果实际数量大于原定发货量，正确的处理方式是（　　）。

A. 可由主管部门向供货单位退回多发数或补发货款

B. 全部退回

C. 属于供货单位责任，全部入库且不补发货款

D. 仓库管理人员可自行处理多发数

5. 处理好验收中出现的异常后，还要（　　）。

A. 对异常原因进行分析　　B. 确定质量鉴定方法

C. 确定数量检验方法　　D. 抽取样本

6. 下列有单无货的确认处理方法中，正确的是（　　）。

A. 先做入账处理

B. 证件未到之前，不能验收入库，更不能发料

C. 及时向供货单位反映，以便查询跟进处理

D. 待证件到齐后再进行验收

二、判断题

1. 到达仓库的货物来源复杂，涉及生产、采购、运输等多个环节，不可避免地会出现各种问题。（　　）

2. 验收过程中发现问题等待处理的货物，都要单独存放、妥善保管，同时相关人员要对货物的异常情况进行确认处理。（　　）

3. 证件未到或不齐的，可先验收入库，之后再向供货单位索取证件。（　　）

4. 验收时，若发现关联单证之间信息不相符，应将货物放在待处理区，通知采购部门或相关单位，然后根据他们提出的办法处理。（　　）

5. 货物规格不符或错发时，应先将规格对的予以入库，规格不对的做验收记录交给主管部门办理换货。（　　）

三、填空题

1. 对于验收合格的货物，验收人员应填写“____________”。

2. 货物验收结束后，对于验收异常的货物，验收人员应填写“____________”“退货单”，以确认验收情况。

3. 验收时，如果数量短缺且在规定范围内的，可按______________。

4. 验收时遇到金额不符的情况，多收部分应该拒付，少收部分经过检查核实后，应___________________。

四、名词解释

1. 有单无货

2. 证证不符

五、简答题

1. 货物验收时，如发现数量不符，应如何确认处理？

2. 常见的验收异常有哪四种？

学习任务 3　货物入库上架

一、单项选择题

1. 垛与室内柱的距离（柱距）一般不小于（　　）m。

A. 0.3　　B. 0.5　　C. 0.7　　D. 0.4

2. 在进行堆码时应遵循的原则不包括（　　）。

A. 分类存放　　B. 选择适当的搬运活性，摆放整齐

C. 合理堆垛，保持稳固　　D. 面向通道

3. 为方便货物库内移动、存取，需将货物（　　）存放。

A. 分层　　B. 按重量大小　　C. 标识明确　　D. 面向通道

4. 货物依据收发货的不同频率来确定其存放位置，周转频率高的存放于货架（　　）。

A. 中层　　B. 下层　　C. 上层　　D. 任意层

5. 相邻两层货物的摆放呈旋转 90° 状，即一层横向放置，另一层纵向放置，这种托盘堆码方法称为（　　）堆码。

A. 纵横交错式　　B. 旋转交错式

C. 重叠式　　D. 正反交错式

6.（　　）堆码码放的难度较大，且中间形成空穴，会降低托盘的利用率。

A. 纵横交错式　　B. 旋转交错式　　C. 重叠式　　D. 正反交错式

二、判断题

1. 入库单是仓库统一设置的记录入库货物的单证。（　　）
2. 所有企业的入库单格式都一样。（　　）
3. 堆码可以使用托盘，也可以不使用托盘。（　　）
4. 货物堆码的时候可按照先近后远的原则堆码。（　　）
5. 成组堆码一般每垛 4 ~ 5 层，这种方式可以提高仓库利用率。（　　）

三、填空题

1. ________作业是进货入库的最后一个环节。

2. 为符合合同要求的货物办理入库手续，包括根据货物的实际检验及入库情况填写____________，对货物进行账目登记，设立货卡等工作，同时整理资料，建立货物档案。

3. ______是用于指引，将货物迅速放入正确货位的工具。

4. 为了管理技术资料，并给用货单位提供材质证明参考，入库货物必须建立________。

5. ________是采用通用货架或者专用货架进行货物堆码的方式，适用于存放小件货物或不宜堆高的货物。

四、名词解释

1. 散堆方式

2. “五距”

五、简答题

1. 为了确保明细账的准确性和完整性，登记时应遵循哪些规则？

2. 货物上架的原则有哪些?

3. 建立货物档案的要求有哪些?

4. 常见的普通货物垛堆方式有哪些?

项目五
在库货物盘点与损耗管理

学习任务 1　仓库盘点与整理

一、单项选择题

1. 通过仓库盘点管理，可以及时调整资产状态、提高（　　）、优化资产配置，确保资产的高效利用和保值增值。

A. 资产利用率　　B. 资金转化率

C. 仓库利用率　　D. 资产利润率

2. 在仓库盘点的过程中，为确保准确性，通常会采用（　　）技术来追踪库存物品。

A. GPS　　B. 条形码或 RFID

C. 红外线扫描　　D. GIS

3. 在仓库盘点过程中，盘点员工应该首先关注的是（　　）。

A. 货物的外观　　B. 货物的尺寸　　C. 货物的数量　　D. 货物的品牌

4. 下列措施中，有助于减少仓库盘点过程中出现错误的是（　　）。

A. 加快盘点速度　　B. 使用多种盘点方法

C. 定期培训盘点员工　　D. 减少盘点频率

5. 在仓库盘点结束后发现某些货物的实际数量与记录不符时，下列做法正确的是（　　）。

A. 将货物重新计数并更新记录

B. 忽略数量差异，继续下一步操作

C. 将货物移至特定区域，待进一步核实

D. 将货物报废并重新采购

6. 仓库盘点管理不仅能确保库存的准确性，还有助于实现（　　）的目标。

A. 提高库存价值　　　　B. 减少员工工作时间

C. 增加仓库容量　　　　D. 降低物流成本

二、判断题

1. 一般来说，为保证账务相符，仓库安排盘点的次数越多越好。（　　）

2. 仓库盘点的核心目标之一是确保库存的实际数量与记录数量完全一致，并非在意库存的价值和质量。（　　）

3. 仓库盘点过程中，如果发现某些货物的数量与记录不符，最佳的处理方法是立即将记录更新以反映实际数量，无须再次核实。（　　）

4. 仓库整理过程中，常用货物应该存放在离工作区域较远的位置，以避免工作区域混乱。（　　）

5. 仓库盘点的主要目的之一是提高员工的工作效率和满意度，因此在盘点过程中应尽可能减少他们的参与。（　　）

三、填空题

1. ________是仓库管理的重要环节，可以有效降低库存成本，提高资产管理水平，确保仓库运营的安全和高效。

2. 盘点管理可以对库存进行________的检查和核对，能够确保库存的准确性和透明性。

3. 盘点与整理结束后，需要对盘点与整理结果进行统计和分析，并对盘点与整理过程中发现的问题进行________，实现盘点管理的闭环。

4. 盘点与整理作为仓库管理的________，应确保相关人员配备充足的时间和适用的工具进行盘点与整理工作。

四、名词解释

1. 盘点

2. 仓库盘点管理

五、简答题

1. 简述仓库盘点管理的重要性。

2. 简述盘点与整理的操作流程。

3. 简述仓库盘点与整理的注意事项。

学习任务 2　仓库盘点差异处理

一、单项选择题

1. 在仓库盘点过程中，如果发现某种货物的实际库存多于记录数量，不太可能的原因是（　　）。

A. 货物在盘点过程中被遗漏

B. 库存记录中存在错误

C. 盘点人员出现失误

D. 货物在运输过程中受损导致数量增加

2. 在仓库盘点过程中，如果发现某种货物的实际库存少于记录数量，最不可能的原因是（　　）。

A. 货物出库未记账　　B. 货物做破损处理未记账

C. 货物遗失　　D. 盘点人员无法正确识别货物

二、判断题

1. 盘点的目的是发现差异，并消除差异。 （　　）

2. 仓库盘点差异处理的步骤包括识别差异、调查原因、采取纠正措施以及记录处理结果。 （　　）

3. 仓库盘点差异的频繁发生可能是盘点人员操作不熟练、运输环节问题或系统记录不准确等多种原因造成的。 （　　）

4. 在处理仓库盘点差异时，忽略差异的存在并继续进行其他工作是一种良好的做法，因为这样可以尽快完成盘点工作。 （　　）

三、填空题

1. 根据盘亏的情况，可以采取补货、________等方式进行处理，同时也要加强仓库的安全管理，避免类似事件再次发生。

2. 破损处理未记账主要是日常管理中发现货物存在质量问题，相关人员做了实物处理，但未及时做账务处理，导致________与________不符。

3. 变质、损毁等原因造成货物的直接废弃，但没有做损毁品出库账务处理的，要补做系统的________。

4. ____________是企业仓库管理不可或缺的环节，通过准确盘点和及时处理盘点差异，企业能够提高仓库管理的效率和准确性。

四、名词解释

1. 盘点数据统计

2. 盘亏

五、简答题

1. 盘点结果与账面库存结果之间的差异主要有哪三种？

2. 简述盘亏常见的原因。

学习任务 3 货物损耗管理

一、单项选择题

1. 下列选项中，不属于导致货物损耗外部因素的是（ ）。

A. 自然灾害　B. 操作不当　C. 盗窃　D. 交通事故

2. 下列选项中，不属于导致货物损耗内部因素的是（ ）。

A. 操作不当　B. 仓储环境不佳

C. 设备故障　D. 交通事故

3. 下列选项中，不属于减少货物损耗方法和措施的是（ ）。

A. 优化仓储设施　B. 采用先进的物流管理系统

C. 选择可靠的运输企业　D. 降低仓库温度

4. 仓库管理是货物损耗控制的关键环节之一，下列选项中，不属于仓库管理注意事项的是（ ）。

A. 合理规划仓库结构

B. 严格执行入库和出库程序

C. 将货物存放在仓库的角落，以避免碰撞

D. 定期盘点和清点

5. 在仓储物流中，合理的人员管理是货物损耗控制的关键因素之一。下列选项中，不属于人员管理措施的是（ ）。

A. 减少仓库人员　B. 监督和检查　C. 奖惩机制　D. 培训和教育

6. 仓储物流中的货物损耗往往与运输环节密切相关。下列选项中，不属于运输管理措施的是（ ）。

A. 选择可靠的运输企业

B. 重视货物包装

C. 减少货物的订购数量，以减轻库存压力

D. 货物运输跟踪

二、判断题

1. 应用物流管理系统对仓储物流过程进行全面的自动化管理，可实时掌握货物的位置、状态和数量。（　　）

2. 对温湿度敏感的货物，应采用相应的温度和湿度控制技术，以保证货物的质量和安全。（　　）

3. 设定货物流转的标准路径，对防止货物在流转过程中丢失或损坏无用。（　　）

4. 定期进行库存盘点，能及时发现库存损耗问题。（　　）

5. 对于易碎或高价值的货物，不需要采用适当的包装和运输方式。（　　）

三、填空题

1. 货物损耗不仅会给企业带来直接的经济损失，还会影响企业的________和客户对企业的信任。

2. 对仓库和运输人员进行相关培训，提高其工作________和________，使其能够正确处理货物并避免损耗。

3. 建立健全的________，激励员工认真履行职责，严禁员工盗窃、疏忽或滥用职权。

4. 应用物流管理系统对仓储物流过程进行全面的________管理，实时掌握货物的位置、状态和数量。

四、简答题

1. 简述货物损耗发生的原因。

2. 提高仓储物流货物损耗控制效率，可以应用哪些先进的技术手段？

项目六 网店订单与货物配货出库管理

学习任务 1　订单审核与单据打印

一、单项选择题

1. 一般情况下，(　　) 每天都要进入店铺后台对前一天晚上客户所下的订单进行审核。

A. 拣货员　　B. 审单员　　C. 配货员　　D. 校验员

2. 当遇到相同收货人、相同收货地址的订单时，需要对订单进行 (　　)。

A. 合并　　B. 拆分　　C. 驳回　　D. 批量打单

3. 如果同一订单涉及两个及两个以上发货地址，那么该订单需要进行 (　　)。

A. 合并　　B. 拆分　　C. 驳回　　D. 批量打单

4. 审单员审核订单时，发现客户李三订单中的一件货物暂时缺货。遇到这种情况，审单员需要将订单进行 (　　)。

A. 合并　　B. 拆分　　C. 驳回　　D. 批量打单

5. 对于一些偏远地区，一定要核对 (　　) 的情况，防止出现货物不能按客户要求时间送达的情况。

A. 货物　　B. 订单　　C. 信息　　D. 物流

二、判断题

1. 审单员通过订单合并，可对订单的货物、规格、颜色、备注、仓储等信息一目了然。　(　　)

2. 订单合并时要清楚合并的方向，即哪个订单向哪个订单合并，切勿合并反了。　(　　)

3. 订单合并不仅满足了客户需求，也为企业节省了快递费用。（　　）

4. 进入淘宝“我打”软件的“交易管理”界面，在“下载订单”功能中可完成订单的批量下载。下载时只能通过“关键词过滤”对下载订单进行条件设置。（　　）

5. 一般来说，网店都会提前设置好常用快递公司的“快递单”模板，打单时只需在这些模板中选择网店默认的或与客户指定快递匹配的模板，即可生成“快递单”。（　　）

三、填空题

1. ________是网店配送工作中的核心业务，它是确保网店能够按客户要求配货送货的关键。

2. 如果在审核订单中发现客户所需的货物仓库暂时处于________状态，但客户已经付款，此时该订单需要驳回。

3. ________即确认了发货货物、发货地址等信息后，就可以利用打印软件打印快递单。

4. 促销活动中会涉及________、________等，要注意仓库发货时要一同发货，不能漏发。

5. ________可告知仓库分拣员到指定的库位分拣不同规格、型号、数量的货物，并做好归类工作。

四、名词解释

1. 订单审核

2. 订单处理

五、简答题

1. 简述订单审核的具体内容。

2. 通常在哪些情况下需要做订单驳回处理?

学习任务 2　分拣货物

一、单项选择题

1. 分拣员需要查看发货单或（　　），明确所拣货物与库存情况。

A. 入库订单　　B. 配货单　　C. 快递单　　D. 出库单

2. 把分拣好的货物按要求放在（　　），等待配货员按订单进行检验与配货作业。

A. 拣货区　　B. 合格区　　C. 配货区　　D. 出货区

3. 在拣货作业中，分拣员对于货物应（　　），避免在拣货过程中造成货物损坏。

A. 轻拿轻放　　B. 跳跃点数　　C. 随意拿放　　D. 以上都不对

4. 严格按照（　　）的规则拣取货物，禁止将货位内的货物弄乱。

A. 先进后出　　B. 后进先出　　C. 先进先出　　D. 以上均可

5.（　　）责任明确、操作简单、延迟时间短，拣货后不用再进行分类作业。

A. 人工摘取式拣货

B. 人工播种式拣货

C. DPS（电子标签摘取式系统）拣货

D. DAS（电子标签播种式系统）拣货

6.（　　）实际上按汇总单进行拣货。

A. 人工摘取式拣货

B. 人工播种式拣货

C. DPS（电子标签摘取式系统）拣货

D. DAS（电子标签播种式系统）拣货

二、判断题

1. 在不同仓库、不同配货量或配货时间要求下应选择不同拣货方式，这对于拣货作业的效率有很大的影响。（　　）

2. 分拣员根据发货单和配货单，选择合适的拣货方式将货物拣出，分类集中到配货区进行配货。（　　）

3. 应根据仓库大小、配货量等具体情况选择拣货方式，规划不同的拣货路线，选择合适的运载工具。（　　）

4. 拣取货物并确认是指先抓取货物，然后确认所拣货物是否与拣货信息相同。（　　）

5. 人工摘取式拣货是按汇总单进行拣货。（　　）

三、填空题

1. 在确保__________与__________信息一致的情况下，才能进行拣货作业。

2. 缩短__________与__________距离是提高配送作业效率的关键。

3. __________拣货过程中，拣货更加准确、快捷，降低了分拣员的劳动强度。

4. 由于 DAS 拣货是按照__________进行拣货的，所以 DAS 拣货完成后需要依据各份订单进行分货。

四、名词解释

1. 分拣货物

2. 人工摘取式拣货

五、简答题

1. 仓库内常用的拣货方式主要有哪些?

2. 在拣货作业中需注意哪些事项?

3. 分拣作业的具体操作步骤是什么?

学习任务 3　配货校验与货物出库

一、单项选择题

1. 货物出库的要求主要是“三不，三核，五检查”，下列选项中不属于“三核”的是(　　)。

A. 核实人员　　B. 核实凭证　　C. 核对账卡　　D. 核对实物

2. 客户派人或派车来仓储企业的库房提货，这是(　　)的出库方式。

A. 客户自提　　B. 委托发货　　C. 企业送货　　D. 第三方送货

3. 以下不属于常见的出库复核方式的是(　　)。

A. 个人复核　　B. 单一复核　　C. 相互复核　　D. 专职复核

4. 适用于分工细致的大型现代化仓库的出库复核方式为(　　)。

A. 个人复核　　B. 相互复核　　C. 专职复核　　D. 环环复核

5. 货物出库时必须认真审核出库凭证的合法性和(　　)。

A. 真实性　　B. 准确性　　C. 合理性　　D. 规范性

6. 货物配货时应本着“(　　)、推陈储新”的原则。

A. 后进先出　　B. 先进后出　　C. 先进先出　　D. 以上均可

二、判断题

1. 刷唛应在货物外包装的正面，字迹清楚，不错不漏。(　　)

2. 出库货物无论是客户自提，还是委托发货，仓库管理人员必须向提货人或运输人员按出库凭证所列逐件当面点交清楚，划清责任。(　　)

3. 货物出库的“五检查”，即对单据和实物要进行名称检查、规格检查、包装检查、件数检查和重复检查。(　　)

4. 专职复核降低了复核人员的工作效率。(　　)

5. 点交过程中对重要货物和特殊货物的运输要求、使用方法、运输注意事项等，仓库人员要向提货人、承运人讲解清楚，做好技术咨询等支持工作。(　　)

三、填空题

1. 委托发货是指自己去提货有困难的客户，会委托仓储企业找__________物流企业提供送货服务。

2. 货物出库后需要进行相应的清理，包括__________和__________。

3. 配货员应认真地按单配货并校验货物，因为一旦发生错误，就会存在________、________________等问题。

4. 货物出库要求做到“三不”，即未接单据不翻账，__________，未经复核不出库。

四、名词解释

1. 环环复核

2. 刷唛

五、简答题

1. 出库复核的主要内容包括哪些?

2. 刷唛应注意什么?

项目七
货物包装及发货管理

学习任务1　货物包装

一、单项选择题

1.（　　）包装可用于葡萄、草莓等水果的保鲜。

A. 防潮　　B. 防霉　　C. 保鲜　　D. 充气

2.（　　）包装材料至今仍是使用最普遍的食品包装容器。

A. 纸质　　B. 塑料　　C. 玻璃　　D. 金属

3. 白色污染的主要包装来源是（　　）包装材料。

A　纸质　　B. 塑料　　C. 玻璃　　D. 金属

4.（　　）包装材料多用于包装食品，能中长期保存，且易于回收再利用，不污染环境。

A. 纸质　　B. 塑料　　C. 玻璃　　D. 金属

二、判断题

1. 在包装货物前，要对货物特性和订单需求进行分析，这样才能选择合适的包装材料，采用合理的包装技术。（　　）

2. 生鲜水果易变质、怕被压坏，一般选用较硬的包装材料，如纸板、玻璃或金属包装材料。（　　）

3. 玻璃包装材料具有强度高、外观美、易清洗、密封性优良、可透视产品和重复使用等特点。（　　）

4. 外观不同、型号不同的货物要分开包装。外观相同、型号不同的货物可以不分开包装，这样可以节省包装材料。（　　）

5. 一般来说，对于肉类食品可采用的包装技术有防霉包装、真空包装和高温短时间灭菌包装。（　　）

三、填空题

1. 按包装的适用广泛性分类，包装可分为专用包装和__________。

2. __________包装材料是指以纸和纸板为原料制成的包装，如牛皮纸、纸袋、包装纸、玻璃纸等。

3. 充气包装是指采用________或氮气等不活泼气体置换包装容器中的空气的包装技术。

4. 打包员要按“________”对货物进行逐一核对，并对发货待包装的货物做质量检验。

四、名词解释

1. 货物包装

2. 防震缓冲包装

五、简答题

1. 简述货物包装的原则。

2. 按包装保护技术分类，包装可分为哪些类型？

3. 简述货物包装及打包工作的步骤。

学习任务 2　包装检验及包裹称重

一、单项选择题

1. 下列关于包装检验的说法，不正确的是（　　）。

A. 主要检验货物外包装是否完好无损

B. 检验包装材料、包装方式等是否达到标准的要求

C. 检验货物内外包装是否能够保护货物和适于长途运输

D. 对破损的货物进行验残并重新进行外包装

2. 下列选项中，不属于包装标准化内容的是（　　）。

A. 包装材料标准化　　B. 包装工艺标准化

C. 物流运输标准化　　D. 装卸作业标准化

3. 纸箱必须规定如何封口、腰箍的材料、腰箍的松紧和牢固度等，体现了（　　）。

A. 包装材料标准化　　B. 包装容器标准化

C. 包装工艺标准化　　D. 装卸作业标准化

4. 对运输包装的内尺寸和货物包装的外尺寸应做严格规定，这体现了（　　）。

A. 包装材料标准化　　B. 包装容器标准化

C. 包装工艺标准化　　D. 装卸作业标准化

5. 木箱必须规定箱板的木质、箱板的厚度、装箱钉子的规格等，这属于（　　）。

A. 包装材料标准化　　B. 包装容器标准化

C. 包装工艺标准化　　D. 装卸作业标准化

6. 包裹称重的主要目的是（　　）。

A. 计算邮资费用

B. 核验包装货物的数量

C. 为客户收件短缺、快递丢件等提供有效证明

D. 方便 ERP 系统采集数据

二、判断题

1. 产品外包装检验内容主要包括包装封口捆扎是否牢固、包装是否有破损、包装外观是否干净整洁等。（　　）

2. 包装检验是指对有关包装材料、包装容器、包装方式的统一技术规定。（　　）

3. 对外包装破损的货物，要进行验残，不可以直接出库发货。（　　）

4. 每件快递包裹都应进行称重计费，面单重量要确保与实物重量一致。（　　）

5. 包裹称重无法查看是否存在多包或漏包的情况，因为称重时包裹已打包完成，无法看到包裹内的货物。（　　）

三、填空题

1. ________是发货前的最后一道流程。

2. ________不但称重准确，而且能够高效地将数据传输至电脑并记录每一项称重数据。

3. 在车站、港口、码头、仓库等处装卸货物时，都要制定________。

4. 将包裹放置在称重设备上称重，称重时要注意将称重设备归零及选择________。

5. 含容器的包裹称重时要注意________。

四、名词解释

包装检验

五、简答题

1. 简述包装标准化的目的。

2. 简述包装材料标准化的主要内容。

3. 简述包装称重的目的。

学习任务 3　发货管理

一、单项选择题

1. 下列关于运费的说法，正确的是（　　）。

A. 包邮产品可以向客户另外收取费用

B. 因产品质量问题，需要维修或换货的，运费应由商家承担

C. 客户因个人原因申请退货的，商家应承担寄回的运费

D. 运费由客户承担的，商家应当按照实际发生的金额向客户收取运费

2. 下列选项中，不属于常见的物流货物跟踪方法的是（　　）。

A. 通过物流企业官网查询　　B. 通过物流企业 App 查询

C. 通过电话查询　　D. 通过电报方式查询

3. 下列关于淘宝网店运费模板的说法，正确的是（　　）。

A. 不可以设置卖家包邮　　B. 可以设置买家承担运费

C. 不可以设置指定条件包邮　　D. 设置后不需要保存也可以使用

二、判断题

1. 如果选择“自定义运费”，商家可以设置不同地区的运费计算模式。（　　）

2. 商家需要及时跟踪物流状态，了解包裹的运输情况。在淘宝平台上，商家可以通过输入物流单号进行物流查询，查看包裹的实时位置和运输进度。（　　）

3. 不可以通过拨打物流企业的客服电话来查询货物的运输状态。（　　）

4. 目前国内电子商务平台运费模板的设置比较简单，通常情况下采用包邮的形式，但具体问题需要具体分析。如果采用收费的形式，通常需要考虑货物的重量、体积、价格以及利润空间等因素。（　　）

5. 商家可根据货物的特性以及快递公司的计费形式，选择按件数、重量或体积进行计费。（　　）

三、填空题

1. 网店商家在收到客户订单后，需要仔细核对订单信息，包括货物__________、数量、价格及收货地址等，确保所有信息准确无误。

2. 商家将选择好的物流服务商相关信息输入系统，生成物流订单。商家需要确保物流企业、运费、__________等信息准确无误。

3. 在经营网店的时候，__________模板设置必不可少。

4. 货物运送方式大多数情况选择快递，针对部分区域或者客户特定需求，也可能需要选择 EMS 或者__________，可以根据实际情况进行设置。

四、简答题

1. 简述网店发货的基本作业流程。

2. 一般的物流运费模板设置包括哪些内容?

项目八
物流运输管理

学习任务 1 物流运输方式选择

一、单项选择题

1. 公路运输主要承担铁路与水路运输优势难以发挥的（ ）的货运。

A. 远距离、大批量　　B. 近距离、大批量

C. 近距离、小批量　　D. 远距离、小批量

2. 下列运输方式中，速度较快、比较灵活、自然条件限制较小的货物运输方式是（ ）。

A. 公路运输　　B. 水路运输　　C. 铁路运输　　D. 航空运输

3. 有一批机器要从南京运往长江三峡，最经济和便利的运输方式是（ ）。

A. 铁路运输　　B. 航空运输　　C. 水路运输　　D. 公路运输

4.（ ）是指使用集装单元器具或利用捆扎方法，把裸状物品、散装物品、体积较小的成件物品，组合成一定规格的单元进行运输的运输方式。

A. 整车运输　　B. 零担运输　　C. 内河运输　　D. 集装箱运输

5.（ ）是指按照承托双方签订的运输契约运送货物。

A. 自营运输　　B. 契约运输

C. 公共运输　　D. 汽车货运代理

6.（ ）最大的优势是速度快，最适合承担运量小、距离远、对时间要求紧、运费负担能力较强的任务。

A. 铁路运输　　B. 公路运输

C. 水路运输　　D. 航空运输

二、判断题

1. 公路运输的货物一般是形状较长或质量较大的原材料。（　）

2. 自营运输是指工厂、企业、机关自置汽车，专门运送自己的物资和产品，一般不对外营业。（　）

3. 零担运输是指托运一个批次货物至少占用一节货车车皮的铁路运输。一批货物的重量、体积、形状或性质需要以一辆或一辆以上的货车装运的，应按整车方式办理运输。（　）

4. 近海运输是使用船舶跨大海的长途运输形式，主要依靠运量大的大型船舶。（　）

三、填空题

1. ________是指运输商专业经营汽车货物运输业务，并以整个社会为服务对象。

2. 水路运输的形式包括________、近海运输、远洋运输和________。

3. ________是使用飞机或其他航空器进行运输的一种方式。

4. ________是使用船舶通过大陆附近沿海航道运送客货的一种方式，一般使用中、小型船舶。

5. 保温车主要用来装运________货物及对温度有特殊要求的某些________。

6. 航空运输设备主要包括________和________。

四、名词解释

1. 水路运输

2. 管道运输

3. 冷藏船

五、简答题

1. 航空快件传送业务主要有哪几种形式?

2. 简述常用运输方式的特点和适用对象。

3. 按照载运货物的不同，可将货船分为哪几类?

学习任务 2　物流运输策略分析

一、单项选择题

1. (　　) 属于派生需求。货物移动绝不是目的，而是实现目的的手段。

A. 运输需求　　B. 安全需求　　C. 经营需求　　D. 客户需求

2. (　　) 有助于降低物流成本和提高运输效率。

A. 运输方式选择　　B. 运输能力规划

C. 运输风险管理　　D. 运输路线优化

3. 运输需求具有广泛性、(　　)、多样性、空间特定性、时间特定性、部分可替代性等特性。

A. 统一性　　B. 科学性　　C. 派生性　　D. 可操作性

4. 运输货物需求首先需要明确货物的种类、数量、尺寸、重量、(　　)、目的地等信息，这些信息是制订物流运输需求计划的基础。

A. 运输距离　　B. 名称　　C. 到达时间　　D. 商家信息

5.(　　)是指某一运输需求有时可以由运输以外的空间位移方式来替代。

A. 内部替代　　B. 外部替代　　C. 运输替代　　D. 物流替代

6. 可以通过购买保险、使用高科技手段追踪货物、采用安全包装等方式来对(　　)进行有效管理和预防。

A. 运输方式　　B. 运输风险　　C. 运输路线　　D. 运输信息

二、判断题

1. 流向是指货物或旅客空间位移起止点之间的距离。　(　　)

2. 在制定运输策略时，企业需要权衡运输成本与时间效益。　(　　)

3. 社会经济活动的多样性决定了运输需求的多样性。　(　　)

4. 物流运输需求计划执行完成后，不需要对整个计划的绩效进行评估。　(　　)

5. 运输协调与整合涉及与其他物流环节的协调，另外也需要与外部供应商和客户进行有效沟通和协调。　(　　)

三、填空题

1. ____________源于人类日常生活与社会生产的根本需求，是一种具有普遍性的需求形式。

2. ____________是指同一运输需求有时可以由运输以外的空间位移方式来替代。

3. 在物流运输领域，____________制定至关重要。

4. 快速、高效的运输可以提高____________，但也可能增加运输成本。

四、名词解释

1. 运输需求

2. 流向

五、简答题

1. 物流运输需求需要对哪些方面进行细致的分析和规划?

2. 一个优秀的运输策略应综合考虑哪几种因素?

3. 优化路线策略主要从哪三个方面入手?

学习任务 3　物流运输最优路线规划

一、单项选择题

1.（　　）是指根据运输路线、道路状况、天气情况等因素，选择合适的车型、车速、行驶路线等，确保货物在运输过程中安全地达到目的地。

A. 适应性原则　　B. 安全性原则　　C. 经济性原则　　D. 容错性原则

2. 物流运输路线成本不包括（　　）。

A. 固定成本　　B. 线路建设成本

C. 物流运输企业运营成本　　D. 时间成本

3. 物流运输线路合理与否对物流速度、(　　)、效益影响很大，物流运输线路的优化设计对合理快速地运输起到关键作用。

A. 数量　　B. 成本　　C. 装载率　　D. 动力

4. 选择物流路线时要考虑以下几个目标：效益最高、成本最低、(　　)、准时性最高、运力运用最合适、劳动消耗最低等。

A. 吨千米最大　　B. 管理费用最低

C. 路程最短　　D. 运输系统最合理

5. (　　)是运输过程中最基本的要求。运输配载应考虑核定载重、货物重心、稳定性、防滑等因素，确保货物在运输过程中不会发生事故。

A. 适应性原则　　B. 安全性原则　　C. 经济性原则　　D. 容错性原则

6. (　　)是指在运输配载过程中，要考虑可能出现的意外情况，留有一定余量，以应对突发情况，保证货物能够及时到达目的地。

A. 适应性原则　　B. 安全性原则　　C. 经济性原则　　D. 容错性原则

二、判断题

1. 固定成本基本是不变的，它主要包含购置运输工具、线路维护、装卸机具、信息系统等方面的成本。(　　)

2. 线路建设成本是一个不可控的成本。(　　)

3. 物流运输企业运营成本主要是指所选路线的动力和能源成本、劳动力成本、利率、税费和保险费用、管理费用及运输工具和设备的维修维护费用等。(　　)

4. 运输配载需要不同部门、不同人员之间的协作与配合，包括供货企业、运输企业、物流中心等。只有各方合作，才能保证货物能够安全、准时地到达目的地。(　　)

三、填空题

1. ____________应遵循安全性、经济性、合理性、适应性、容错性、合作性等原则，以提高运输效益，保证货物的安全运输。

2. ____________原则是指运输过程中尽可能降低成本，提高效益。运输配载应根据货物的重量、体积等特性选择合适的运输工具，以提高装载率，减少运输工具的使用数量，降低运输成本。

3. ____________原则是指根据货物的特性，合理分配货物到运输工具上，使得每个运输工具的装载数量、重量、体积等都达到合理要求，避免因过重或过轻导致车辆使用率低下。

4. ____________是指评估货物的性质和运输距离，选择适合的运输方式。

四、名词解释

1. 运输配载

2. 适应性原则

五、简答题

1. 物流运输路线优化的方法有哪些?

2. 一般在选择配送路线时，有哪些约束条件?

3. 物流企业规划货物运输最优路线的步骤有哪些?

项目九 退换货管理

学习任务 1　退换货检验

一、单项选择题

1. 电子商务企业在为客户提供商品的同时也提供着服务，服务的无形性决定了人们在感知它时具有（　　）和无标准性。

A. 不确定性　　B. 及时性　　C. 高效性　　D. 确定性

2.（　　）也是导致退换货的主要原因之一。商家在销售商品时，应确保商品描述的准确性，包括颜色、尺寸、功能等。

A. 商品质量问题　　B. 与商品描述不符

C. 物流配送问题　　D. 售后服务不足

3. 为了保障企业的利益和（　　）的权益，客服需要设置一定的退换货条件，如退换货的商品必须保持原样、没有使用过、没有损坏等。

A. 客户　　B. 生产商

C. 物流企业　　D. 客服

4. 如果（　　）出现问题，如配送延误、商品在运输过程中损坏等，可能会导致客户提出退换货请求。

A. 物流配送　　B. 售后服务

C. 商品描述　　D. 商品质量

5. 如果是由于（　　）原因导致的退换货，如商品质量问题、发错货等，客服需要主动承担责任，免费为客户处理退换货。

A. 企业　　B. 客户

C. 物流公司　　D. 第三方仓储企业

6.（　　）是客户在购买商品后的重要保障。

A. 供应商　　B. 第三方仓储企业

C. 物流公司　　D. 售后服务

二、判断题

1. 在当前竞争激烈的市场环境下，为了充分发挥退换货检验的价值，企业应认识到退换货检验的重要性，但不需要将其视为提升企业核心竞争力的重要手段。（　　）

2. 有些进行退换的商品并非存在质量问题，也可能是因为该地区的销售季节已过，或者由于企业的经营范围有限而无法继续销售。（　　）

3. 商品的质量问题是最常见的退换货原因。无论是实物商品还是虚拟商品，如果存在质量问题，如损坏、有瑕疵等，客户都有可能选择退换货。（　　）

4. 与商品描述不符也是导致退换货的主要原因之一，商家在销售商品时，应确保商品描述的准确性，包括颜色、尺寸、配送延误、功能等方面。（　　）

5. 售后服务是客户在购买商品后的重要保障。如果商家售后服务水平不到位，如响应速度慢、处理问题不及时等，可能会让客户感到不满，从而提出退换货请求。（　　）

三、填空题

1. 在处理退换货时，客服需要向客户明确退换货的________。

2. 客服需要清楚了解退换货的________，以确定是否可以接受退换货。

3. 在执行________任务时，首先须熟知并遵循公司的检验政策和标准。

4. 检验报告应涵盖商品的检测项目、________、检验设备与技术、________及结论等相关信息。

四、名词解释

1. 物理检验

2. 化学检验

五、简答题

1. 退换货的作用有哪些?

2. 引起商品退换货的原因有哪些?

3. 在验收退换货时，检验人员应如何辨别商品受损和质量问题?

学习任务 2　退换货分类入库

一、单项选择题

1. 根据退换货的状态和属性，可以将退换货具体划分为（　　）类。

A. 四　　B. 三　　C. 五　　D. 六

2.（　　）已经无法再次使用或销售，没有回收价值或处理价值，商家需要进行报废处理。

A. 合格品　　B. 不良品　　C. 待处理品　　D. 废品

3. 对于商品质量问题，商家应立即与（　　）沟通，查明原因，改进生产工艺，防止类似问题再次发生。

A. 采购商　　B. 生产商　　C. 分销商　　D. 客户

4. 对于客户原因导致的退换货，商家可以进行（　　），确保商品整洁无损。

A. 二次包装　　B. 换货　　C. 赔偿损失　　D. 二次入库

5. 退换货需要进行（　　）分类，分类后在各类别上贴上合格品、不良品、废品等标签，以便于区分并采取不同处理方式。

A. 直接入库　　B. 二次入库　　C. 货物入库　　D. 货物检验

二、判断题

1. 退换货分类入库对于企业的库存管理、仓库布局、退换货处理速度、损失降低和数据分析等方面都具有重要意义。（　　）

2. 不合格品存在一些问题或缺陷，但具体情况尚未完全明确，无法直接归为合格品或不良品。（　　）

3. 通过定期检查，商家可以及时发现库存中的问题商品，如破损、过期等，并进行丢弃。（　　）

4. 对于运输损坏的退换货，商家应加强与物流企业的合作，完善运输流程，降低损坏率。（　　）

5. 在退换货入库后，不需要更新库存信息。（　　）

三、填空题

1. 对于________，商家可以经过适当检查后进行再次销售。

2. 客户可通过______________或其他运输方式退回商品。

3. 企业应重视退换货______________工作，不断优化相关流程，以提高企业整体运营效率。

4. 在退换货分类过程中，要填写“______________”。

5. 退换货应当__________存放在仓库的不同货区。

四、名词解释

1. 合格品

2. 不良品

五、简答题

1. 简述退换货入库流程。

2. 简述退换货分类整理的注意事项。

项目十 电子商务环境下的新型物流实践

学习任务 1　第四方物流运作

一、单项选择题

1. 下列选项中，不属于第四方物流企业运作方式的是（　　）。

A. 超能力组合　　B. 方案集成商　　C. 行业创新者　　D. 极限运输

2. 第四方物流的供应链再造使企业战略与供应链战略结合起来，进一步为企业从供应链整体上（　　）。

A. 降低运作成本，提高运作效率　　B. 扩大流通面积

C. 缩短配送时间　　D. 取消物流费用

3. 下列选项中，不属于成为第四方物流企业需要具备的条件的是（　　）。

A. 能够制定供应链策略、业务流程设计再造、具备技术集成和人力资源管理的能力

B. 在集成供应链技术和外包能力方面处于领先地位，并具有较雄厚的专业人才资源

C. 拥有一定资产，具有一定购买力

D. 能够管理多个不同的供应商，并具有良好的管理和组织能力

4. 下列选项中，不属于第四方物流运作过程中存在的问题的是（　　）。

A. 难以保证自己的独立性，发展空间受限

B. 转换成本高

C. 物流体系更加完善

D. 可能造成委托客户经营中的振荡或波动

5. 第四方物流的英文简称是（ ）。

A. 4PL　　B. 3PL　　C. 4PP　　D. 4LL

二、判断题

1. 第四方物流是指不参与具体物流活动，只对物流活动进行系统设计、资源整合、经营管理、信息共享，提供物流解决方案或供应链方案，并以此为交易活动的全过程，它是一种新型的物流运作模式。（ ）

2. 相对于通过物流具体运作从而获得利益的第三方物流而言，第四方物流可直接参与具体的物流活动。（ ）

3. 第四方物流企业掌握供应链中的绝大多数信息，其中包含产品生产信息、企业战略信息、供应链物流信息等。（ ）

4. 第四方物流提高了整个供应链的运作效率，降低了整个供应链的运作成本，平衡供应链中各个环节产生的利益，使每一个环节中的生产参与者都能够从中受益。（ ）

5. 第四方物流仅为一家企业服务。（ ）

三、填空题

1. 第四方物流的职能包括制造、采购、库存管理、供应链信息技术、需求预测网络管理、__________和行政管理等。

2. 第四方物流和第三方物流共同开发市场，第四方物流向第三方物流提供一系列的服务，包括__________、__________等。

3. 第四方物流的供应链再造使企业战略与供应链战略结合起来，进一步为企业从供应链整体上__________，__________。

4. 委托客户加入第四方物流企业时签订了__________合作协议。

5. 从第四方物流的发展前景来看，第四方物流可能孕育的行业主要是行业集中度较________、边际利润较________、物流管理又是企业________业务的行业。

四、简答题

1. 第四方物流的基本特征有哪些？

2. 第四方物流的功能有哪些?

学习任务 2　电子商务绿色物流运作

一、单项选择题

1. 下列选项中，不属于采用电子商务绿色物流运作模式理由的是（　　）。

A. 塑造良好的企业形象　　B. 紧跟时代潮流

C. 节约成本　　D. 满足消费者需求

2. 下列选项中，属于绿色能源的是（　　）。

A. 太阳能　　B. 天然气　　C. 煤炭　　D. 石油

3. 绿色物流运作模式带来的影响包括（　　）。

A. 空气污染　　B. 废水排放　　C. 能源消耗　　D. 可持续发展

4. 下列选项中，不属于绿色物流运作模式优点的是（　　）。

A. 低碳环保　　B. 节约成本　　C. 获取利益　　D. 塑造品牌形象

5. 在某购物节时期，电子商务企业可以通过（　　）方式推行“绿色过节”。

A. 减少包装使用　　B. 减少网购消费

C. 增加运输成本　　D. 个性化运作

二、判断题

1. 物流企业可以通过使用绿色能源（如风能和太阳能）来减少对环境的影响，同时也能减少能源消耗。（　　）

2. 绿色物流运作模式着重于减少货物生产和运输过程中对环境的不利影响，同时推动绿色产品的推广，增强消费者的环保意识。（　　）

3. 可以采用减少包装物使用来推进绿色物流运作，实现可持续性发展。（　　）

4. 绿色物流就指绿色产品的运输。（　　）

三、名词解释

绿色物流

四、简答题

电子商务绿色物流运作模式一般有哪些特点?

学习任务 3　电子商务冷链物流运作

一、单项选择题

1. 下列选项中，不属于城市配送型冷链物流的是（　　）。

A. 超市供应商　　B. 超市配送中心

C. 连锁餐饮配送中心　　D. 干线运输

2. 下列选项中，不属于冷链物流类型的是（　　）。

A. 仓储型冷链物流　　B. 综合型冷链物流

C. 外包型冷链物流　　D. 运输型冷链物流

3. 下列冷链物流类型中，属于新兴模式的是（　　）。

A. 综合型冷链物流　　B. 仓储型冷链物流

C. 供应链型冷链物流　　D. 电子商务型冷链物流

4. 下列产品的线上销售需要冷链物流的是（　　）。

A. 水杯　　B. 衣服　　C. 牙膏　　D. 菠菜

5.（　　）冷链物流主要提供货物低温运输服务，包括干线运输、区域配送以及城市配送。

A. 运输型　　　　B. 城市配送型

C. 综合型　　　　D. 电子商务型

6.（　　）冷链物流以从事低温仓储、干线运输以及城市配送等综合业务为主。与单一的冷链物流企业不同，其业务比较广泛，涉及仓储、运输和配送等各个方面。

A. 运输型　　　　B. 城市配送型

C. 综合型　　　　D. 电子商务型

二、判断题

1. 随着社会经济的发展，越来越多的商品在线上销售，大量的农副产品、食品及医药产品需要冷链物流运送，企业开始重视冷链物流和冷链技术，这些都有利于冷链物流行业的发展。（　　）

2. 供应链型冷链物流围绕核心企业，通过对信息流、物流、资金流的控制，从采购到终端整个过程提供低温运输、加工、仓储、配送服务，然后由分销网络把产品送到客户手中。（　　）

3. 电子商务型冷链物流只用于生鲜产品的运输。（　　）

4. 城市配送型冷链物流只针对超市配送。（　　）

5. 平台型冷链物流构建“互联网＋冷链物流”的冷链资源交易平台。（　　）

三、填空题

1. 近年来，我国冷链物流业呈现迅猛的发展态势，不仅在规模上持续扩大，更在________和________方面取得了显著提升。

2. 城市配送型冷链物流一般在________中进行，或以________为范围进行配送。

3. 供应链型物流将供应商、________、________和分销商连成一个整体的功能网链结构。

四、名词解释

仓储型冷链物流

五、简答题

1. 电子商务冷链物流的分类有哪些?

2. 简述我国电子商务冷链物流发展的现状。

学习任务 4　跨境电子商务物流运作

一、单项选择题

1. 下列选项中，属于平台物流模式不足的是（　　）。

A. 成本较高　　B. 风险较大

C. 操作复杂　　D. 需要依托平台

2. 下列选项中，不属于国际快递的是（　　）。

A. UPS　　B. DHL　　C. TNT　　D. 顺丰速运

3. 下列选项中，不属于海外仓模式优点的是（　　）。

A. 物流把控力强　　B. 风险较低

C. 运输灵活度高　　D. 成本较低

4. 某航空专线将同一地区的多个买家的包裹集中发往目的国或地区，再通过当地的合作企业或物流分企业进行配送。该模式是（　　）模式。

A. 传统快递包裹　　B. 集中发货

C. 国际快递　　D. 第三方物流

5. 下列选项中，不属于跨境电子商务物流运作步骤的是（　　）。

A. 订单处理　　B. 物流选择　　C. 筛选客户　　D. 国际运输

6.（　　）模式将物流服务外包给第三方物流企业进行处理，适用于规模中等的企业。

A. 传统快递包裹　　B. 集中发货

C. 国际快递　　D. 第三方物流

二、判断题

1. 海外仓模式是跨境电子商务卖家先将商品提前备货到目的国的物流仓库中，待客户下单后，直接从海外仓将商品发货给客户。（　　）

2. 在选择跨境电子商务物流运作模式时，需要考虑商品的性质、运输时间、费用和风险，以及企业的规模和实力等因素。（　　）

3. 第三方物流模式具有成本较低、风险相对较大的特点。（　　）

4. 平台物流模式适用于规模较大的企业。（　　）

5. 在整个跨境电子商务物流运作过程中，无须遵守各国的进出口法律法规。（　　）

三、填空题

1. 跨境电子商务物流运作是指将商品从卖家所在地运送到海外客户手中的整个过程。这个过程涉及多个环节和参与者，包括卖家、__________、__________、海关等。

2. 商品通过国际运输方式，如航空、__________等，从卖家所在地运往目的国。

3. 在整个跨境电子商务物流运作过程中，电子商务平台、物流企业、________等多方参与者需要协同合作，确保商品安全、快速地送到客户手中。

4. 国际快递模式是时效最快、成本最高的运输方式，主要由 UPS、FedEx、____________、TNT 等大型国际快递公司提供服务。

四、名词解释

1. 海外仓模式

2. 第三方物流模式

五、简答题

1. 跨境电子商务物流运作的一般步骤是什么?

2. 跨境电子商务物流运作模式主要包括哪些?